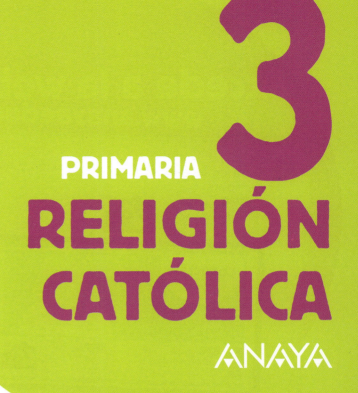

PRIMARIA 3
RELIGIÓN CATÓLICA

ANAYA

Director del proyecto:
Valero Crespo Marco

Vanessa Vázquez Crespo
Lidia María Rodríguez Villalón
María del Carmen Conde Malia

Accede a la web
www.anayaeducacion.es

1 Entra en la web de Anaya Educación y haz clic sobre:

2 Haz clic sobre **Nuevo usuario** y rellena el formulario.

Para darte de alta en la web, debes tener el permiso de tu padre, madre, tutor o tutora legales.

Recibirás un correo electrónico en el *mail* con el que te has registrado. A partir de entonces, podrás acceder a toda la información de la web.

Consulta el banco de recursos

1 Añade tu libro: accede a **Mis recursos** y haz clic sobre el botón **+ Añadir licencia** y, en la ventana que aparece, escribe el código que hay detrás de la cubierta de tu libro.

2 Se mostrará la imagen de la web del libro.

Haz clic sobre **ver Mis recursos**
Y elige tu comunidad:

3 Haz clic sobre el botón **Banco de recursos** para abrir el menú desplegable en el que aparecen tus recursos.

Indica cuándo acceder al banco de recursos.

Cada vez que encuentres este icono, accede a la web.

PRESENTACIÓN

¡Hola! Somos Marta, María y Lázaro.

¡Qué alegría encontrarnos de nuevo contigo!

Un curso más, aprenderemos juntos.

Viajaremos contigo a tu interior.

Vivirás los mejores sentimientos.

Practicarás valores humanos y cristianos.

Y seguirás aprendiendo a ser amigo de Dios.

CONTENIDOS

Bloques de contenidos

Observo

Desde mi experiencia

1 ¿Qué nos regala Dios en nuestro entorno? Pág. 6	**BLOQUE 1:** El sentido religioso del hombre.	Observo los mejores regalos.
2 ¿Cómo damos gracias a Dios por sus regalos? Pág. 16	**BLOQUE 1:** El sentido religioso del hombre.	Observo para cumplir las normas.
Taller de investigación 1 ¿Cómo dialogamos con Dios en Navidad? Pág. 22	**BLOQUE 4:** Permanencia de Jesucristo en la historia: la Iglesia.	Observo la importancia de dialogar.
3 ¿Qué es lo más importante de la vida de Jesús? Pág. 32	**BLOQUE 3:** Jesucristo, cumplimiento de la Historia de la Salvación.	Observo la vida de una santa.
4 ¿Cuál es la misión de Jesús? Pág. 40	**BLOQUE 3:** Jesucristo, cumplimiento de la Historia de la Salvación.	Observo cómo cumplir lo prometido.
Taller de investigación 2 ¿Qué nos enseña la resurrección de Jesús? Pág. 48	**BLOQUE 3:** Jesucristo, cumplimiento de la Historia de la Salvación.	Observo una tradición sobre la Resurrección.
5 ¿Cómo continúa la Iglesia la misión de Jesús? Pág. 58	**BLOQUE 4:** Permanencia de Jesucristo en la historia: la Iglesia.	Observo la obra de un misionero.
6 ¿Qué es el Padrenuestro? Pág. 66	**BLOQUE 4:** Permanencia de Jesucristo en la historia: la Iglesia.	Observo la importancia del silencio.
Taller de investigación 3 ¿Qué enseña la Alianza de Dios con su pueblo? Pág. 74	**BLOQUE 2:** La revelación: Dios interviene en la historia.	Observo la amistad de Dios con Israel.
Calendario litúrgico Pág. 85		

Aprendo

Contenidos religiosos
- Los dones de Dios.
- Respuestas a los regalos de Dios.
- El diálogo con Dios en Navidad.
- La vida de Jesús de Nazaret.
- La misión de Jesús.
- La resurrección de Jesucristo.
- La misión de la Iglesia.
- La oración.
- La alianza de Dios con el pueblo de Israel.

Relatos de la Biblia
- Dios nos regala el paraíso.
- La amistad de Dios y Moisés.
- Los pastores visitan al Niño Jesús.
- El bautismo de Jesús.
- Jesús y la hija de Jairo.
- Apariciones de Cristo resucitado.
- Curación de un paralítico.
- La oración de Jesús.
- La misión de Moisés.

Actúo

Valores y compromisos
- El valor de la vida.
- El valor de cumplir las normas.
- El valor de dialogar.
- El valor del servicio.
- El valor de cumplir lo prometido.
- El valor de felicitar.
- El valor del amor.
- El valor del silencio.
- El valor de la amistad con Dios.

1 ¿Qué nos regala Dios en nuestro entorno?

Observo los mejores regalos

San Francisco nació en el año 1181 en Asís, un pueblo de Italia. Su familia era rica. De niño y de joven, solo le importaban la riqueza y divertirse.

Durante una guerra, fue apresado, y pasó un año en la cárcel, enfermo y hambriento. Esto le hizo valorar la fe en Dios, la salud, el amor, la vida…

Al quedar libre, cambió, y empezó a admirar la naturaleza, a ayudar a los leprosos, a restaurar iglesias… Su padre pensó que estaba loco, y lo encadenó, hasta que su madre lo liberó.

Después, se fue a vivir a un bosque como un pobre. Allí predicó el mensaje de Jesús. Cuidó a los enfermos, habló con los animales y montó el primer belén viviente.

Observo

Reflexiono y dialogo sobre el cómic

1. ¿A qué daba más importancia San Francisco de niño y de joven?
2. ¿A qué dedicó su vida después de la cárcel?
3. ¿Qué te enseña su vida para ser más feliz?

Mis primeras ideas

- ¿Qué regalos te ha dado Dios para ser feliz?
- ¿Qué situación, persona o cosa valoras más? ¿Por qué?

Expreso mis experiencias

1. Dibuja en una tarjeta dos regalos que sean gratis. ¡Ayúdate del ejemplo!

Aprendo y valoro

Los dones de Dios

La realidad que nos rodea

La realidad o Creación es todo lo que existe: el universo, nuestro entorno, la familia, los amigos, las situaciones que vivimos… La Biblia revela que Dios Padre es el origen y el Creador de toda realidad.

La realidad que nos rodea es un don de Dios a las personas para que sean felices. Dios, por su gran amor a las personas, las ha creado a su imagen y semejanza. Por ello, son lo más importante que ha creado.

Los regalos de Dios para ser felices

Dios está presente en la realidad: en la naturaleza, en nuestro interior… Y se da a conocer en cada una de sus obras y en cada uno de los dones que nos regala: el amor de los padres y la familia, la belleza de la naturaleza, la ayuda de los amigos, la alegría de jugar, la fe, la inteligencia, los sentimientos… Todos estos dones son regalos de Dios para que seamos felices.

Palabras nuevas
Un **don** es un regalo.

Todo cuanto existe alrededor son regalos de Dios.

Cómo responder a los regalos de Dios

Así responden los cristianos a los regalos que reciben de Él:

- Dan gracias a Dios por los dones de su vida diaria. Por ejemplo, bendiciendo los alimentos antes de comer.
- Aman a Dios, a los demás, a sí mismos y a la creación. Por ejemplo, visitando a los ancianos en una residencia.
- Colaboran con Dios cuidando a las personas, los animales y la naturaleza. Por ejemplo, tirando los papeles en la papelera.
- Realizan comportamientos ecológicos. Por ejemplo, plantando un árbol.

Aprendo con las imágenes

- ¿Qué regalos de Dios aparecen en las fotografías?
- ¿Qué hace la niña para responder a los regalos de Dios?

Debemos cuidar los regalos de Dios.

Actividades

1 Completa las frases en tu cuaderno con las palabras que faltan.

a) La B _ _ _ _ _ revela que Dios Padre es el Creador de toda _ _ _ _ _ _ _ _ .

b) D _ _ _ está presente en la naturaleza y en nuestro i _ _ _ _ _ _ _ .

c) Los c _ _ _ _ _ _ _ _ _ dan gracias a Dios por los d _ _ _ _ de su vida diaria.

2 Lee y dialoga con tu clase.

«Olivia es una niña protestona. Vive en una casa grande con muchos lujos. Su familia la quiere mucho. Pero Olivia protesta en su casa por la comida y porque quiere toda la ropa de marca».

a) ¿Qué le dirías a Olivia por su comportamiento?

b) ¿Qué consejo le darías para que valore los regalos de Dios?

UNIDAD 1

La Biblia me enseña

Dios nos regala el paraíso

El siguiente relato sobre la Creación se narra en el libro del Génesis 2, 4-25, que pertenece al Antiguo Testamento.

No hay que entenderlo al pie de la letra, porque es un relato religioso. Lo importante es el mensaje que nos revela: Dios es el creador de todo lo que existe y quiere que las personas vivan felices en la tierra.

Viaja por el tiempo
www.anayaeducacion.es

Localiza a Adán y Eva en la línea del tiempo de la Biblia (banco de recursos).

1 Al principio, Dios creó la tierra y el cielo. En la tierra no había árboles, ni plantas, ni ningún hombre. Solo existía un manantial que regaba toda la tierra. Entonces, Dios modeló al hombre con tierra y le sopló un aliento que le dio la vida.

2 Más tarde, Dios plantó un jardín en Edén, e hizo brotar el árbol del conocimiento del bien y del mal. Dios colocó al hombre en el jardín para que lo cultivara. Y le dijo: «Puedes comer de todos los árboles, pero no del árbol del conocimiento del bien y del mal, porque, si comes de él, tendrás que morir».

¿Qué nos enseña para la vida diaria?

Después de leer este relato, habremos aprendido que Dios nos regala un paraíso en la tierra que debemos cuidar. Y que el hombre y la mujer, creados en igualdad, deben practicar el bien y evitar el mal para ser felices.

Ahora, en inglés

Recita: «El paraíso de Dios»: **The paradise of God**

3

Después, Dios se dijo: «No es bueno que el hombre este solo; voy a hacer alguien como él que le ayude». Entonces, modeló de la tierra los animales del campo y los pájaros del cielo, pero vio que ninguno era como él.

4

Por ello, Dios hizo dormir a Adán y le sacó una costilla, de la que formó a la mujer. Luego, se la presentó, y Adán dijo:

— ¡Ella sí que es hueso de mis huesos y carne de mi carne!

Actividades

1 Completa en tu cuaderno.

a) Dios creó la tierra y el …

b) Dios colocó al hombre en …

c) Dios modeló los animales, pero ninguno era como …

d) Dios creó a la mujer y se la presentó a …

2 En parejas, inventad una enseñanza para construir el paraíso de Dios en la tierra.

3 Ordena las palabras y escribe en tu cuaderno las frases completas.

CIÓN-TENTA   NI-HUMA-DAD
DAD-FELI-CI

a) Adán y Eva simboliza a la H_ _ _ _ _ _ _ D.

b) El jardín del Edén simboliza la completa F_ _ _ _ _ _ _ D.

c) El árbol del conocimiento representa el mal y la T_ _ _ _ _ _ N.

El valor de la vida

Actúo y practico valores

1 Lee y di otro ejemplo a la clase.

El valor de la vida consiste en promover y apreciar el estar vivo: poder respirar, andar, amar, reír, jugar, rezar, cuidar la salud, tener amigos…

2 Lee la oración de San Francisco y contesta:

> «Alabado seas, mi Señor,
> por la hermana Luna y las estrellas,
> en el cielo las formaste claras y preciosas, y bellas.
> Alabado seas, mi Señor, por el hermano viento
> y por el aire, y la nube y el cielo sereno,
> y todo tiempo».

a) ¿Por qué San Francisco da gracias a la vida?

b) ¿Cómo llama a la Luna y a las estrellas?

3 Dibuja una tarjeta para dar gracias por tu vida. ¡Sé creativo! Ayúdate del ejemplo.

Gracias, Padre Dios, por estar vivo.

Me comprometo a tomar la comida sin protestar.

Gracias por los amigos que tengo.

4 Después, presenta y explica tu tarjeta a la clase.

¿Qué he aprendido?

1 Copia la frase en tu cuaderno suprimiendo las vocales que sobran en las palabras subrayadas.

¿Qué nos regala Dios en nuestro entorno?

La <u>faumilioa</u>, los <u>amigous</u> y las situaciones de la <u>viada</u> cotidiana para que seamos feilices.

2 Completa cada palabra con su correspondiente grupo de letras. Escribe las frases completas en tu cuaderno.

blia – esente – cread – raíso – Di – reali

a) La Bi_ _ _ _ revela que Dios Padre es el origen y el _ _ _ _ or de toda realidad.

b) _ _ os nos regala un pa_ _ _ _ en la Tierra.

c) Dios está pr_ _ _ _ _ en toda _ _ _ _ dad.

3 Di una situación, persona o cosa por la que estás agradecido.

¿Cómo lo he aprendido?

4 Evalúate diciendo el emoticono que corresponda.

¿Cómo he realizado mis tareas de clase?	🙂 😐 ☹️
¿Cómo he participado en los debates de clase?	🙂 😐 ☹️

Repaso y me evalúo

13

2 ¿Cómo damos gracias a Dios por sus regalos?

Observo para cumplir las normas

Lidia y Antonio son compañeros de clase. Un día, la maestra pidió hacer un mural por equipos. Y los dos se integraron en equipos diferentes.

Lidia se hizo amiga de Pili, una niña de su equipo. Al verlas tan amigas, Antonio se llenó de envidia y decidió gastarle una broma pesada.

Al terminar el mural, Lidia lo guardó debajo de su mesa de clase. En el recreo, Antonio se lo escondió. Y, cuando tuvo que presentarlo, Lidia no lo encontró.

Entonces, Antonio acusó a Lidia de perder el mural. Pero Pedro contó la verdad a la clase. Y Antonio fue castigado por su mal comportamiento.

Observo

Reflexiono y dialogo sobre el cómic

1. ¿Quién incumple las normas de la clase? ¿Cómo?
2. ¿Y quién las cumple? ¿Cómo lo hace?
3. ¿Qué te enseña esta historia para trabajar en equipo?

Mis primeras ideas

- ¿Se deben respetar las normas? ¿Cuál es la más importante para ti?
- ¿Cómo se puede dar gracias a Dios por sus regalos?

Expreso mis experiencias

1. Observa la tarjeta y escribe en tu cuaderno otra palabra importante para mejorar la convivencia. Después, explícala a la clase.

«Tres palabras que se deben decir siempre: PERMISO, GRACIAS, DISCULPA».
Papa Francisco

15

Aprendo y valoro

Respuestas a los regalos de Dios

La amistad entre Dios y las personas

La Biblia narra la amistad de Dios con las personas. Dios Padre se revela o se comunica para que las personas se amen, sean felices y se salven. Para que puedan conseguirlo, Dios ofrece su amistad por medio de personas y hechos. Por ejemplo, a través de Moisés y la liberación de su pueblo en Egipto.

Cómo ser amigo de Dios y de Jesús en la vida diaria

Para ser amigo de Dios y de Jesús, es necesario tener fe en ellos, cumplir los Diez Mandamientos y practicar el Mandamiento del Amor. Las personas que responden a la amistad y a los regalos de Dios son llamados amigos de Dios:

«El Señor hablaba con Moisés cara a cara, como habla un hombre con un amigo» (Éxodo, 33, 11).

«Abrahán creyó a Dios, y eso le fue contado como justicia y fue llamado "amigo de Dios"» (Carta de Santiago 2, 23).

El nuevo Mandamiento del Amor de Jesús

Jesús, el Hijo de Dios, nos enseñó un nuevo mandamiento para ser amigo de Él y de su Padre Dios:

«Este es mi mandamiento: que os améis unos a otros como yo os he amado. Nadie tiene amor más grande que el que da la vida por sus amigos. Vosotros sois mis amigos si hacéis lo que yo os mando. (…) A vosotros os llamo amigos, porque todo lo que he oído a mi Padre os lo he dado a conocer. (…) Esto os mando: que os améis unos a otros» (Evangelio de San Juan 15, 12-15 y 17).

Comportamientos que acercan a Dios y a Jesús

Los amigos de Dios y de Jesús realizan buenos comportamientos personales en su vida cotidiana; por ejemplo, rezar o decir la verdad. Así son felices y se unen con Dios, con Jesús y con los demás. Y evitan los malos comportamientos en el día a día; por ejemplo, decir una mentira o robar, para no ser infelices y separarse de Dios, de Jesús y de los demás.

Busca en el mapa

www.anayaeducacion.es

Localiza Egipto, Ur (la ciudad de donde era Abrahán) y Canaán. (Banco de recursos).

Palabras nuevas

El **pueblo de Dios** es el pueblo de Israel. Se llama así porque, un día, un ángel de Dios se le apareció al patriarca Jacob y le dijo: «Te llamarás Israel».

El **patriarca Abrahán** fue llamado por Dios para formar al pueblo de Israel y darle una tierra donde vivir: Canaán.

Los santos, amigos de Dios y de Jesús

Los santos y las santas son amigos y amigas de Dios y de Jesús porque han respondido de forma ejemplar a sus regalos: la fe, la vida, el amor, la amistad.

Dos ejemplos son San Francisco de Asís y Santa Madre Teresa de Calcuta.

Así agradecen los santos los regalos de Dios:

- Celebran, profesan y practican la fe cristiana.
- Son amigos y amigas de Jesús, Dios Padre y la Virgen María.
- Sirven a la Iglesia y ayudan a los más necesitados.

Santificación de Santa Madre Teresa de Calcuta.

Actividades

1 Formad parejas para completar las frases. Escribe en tu cuaderno cada número con su letra.

1. Dios Padre se revela para que las personas…	a) … a los regalos de Dios son amigos de Él.
2. Las personas que responden a la amistad y…	b) … han respondido de forma ejemplar a sus regalos.
3. Jesús enseñó el nuevo mandamiento del…	c) … buenos comportamientos en su vida cotidiana.
4. Los amigos de Dios y de Jesús realizan…	d) … se amen, sean felices y se salven.
5. Los santos son amigos de Dios y de Jesús porque…	e) … amor para ser amigo de Dios.

2 Reflexiona en silencio las respuestas. Después, dialoga con tu clase:

a) ¿Qué comportamientos personales te hacen feliz? ¿Y cuáles te hacen infeliz? Por ejemplo, ayudar en casa o criticar a un compañero.

b) ¿Qué puedes hacer para agradecer los regalos que te hacen? ¿Y a Dios por los regalos que te ha dado? Por ejemplo, dar las gracias de corazón o visitarle en la iglesia.

La Biblia me enseña

La amistad de Dios y Moisés

El siguiente relato narra la vida de Moisés. Se encuentra en el libro del Éxodo, que pertenece al Antiguo Testamento.

Moisés es un ejemplo de amistad con Dios en la vida cotidiana y de cómo la persona responde con sus comportamientos a los regalos de Dios.

1 Moisés era israelita. Cuando nació, el faraón mandó matar a los israelitas recién nacidos, por miedo a que se apoderaran de Egipto. Para salvarlo, su madre lo escondió en una cesta en la orilla del río Nilo. Allí fue descubierto por la hija del faraón, que lo cuidó como si fuese hijo suyo.

2 Moisés vivió como un príncipe de Egipto. Por defender a los israelitas que vivían como esclavos, tuvo que huir al desierto. Allí escuchó la voz de Dios por medio de una zarza ardiendo. Dios le pidió que lo ayudara a liberar a su pueblo.

¿Qué nos enseña para la vida diaria?

Después de leer este relato, habremos aprendido los comportamientos para ser amigos de Dios: cumplir los Diez Mandamientos, responder a su llamada para que las personas seamos más libres y cumplir la alianza con Él.

Ahora, en inglés

Recita: «Moisés, el amigo de Dios» «Moses, the friend of God».

UNIDAD 2

3 Moisés, con la ayuda de Dios, liberó y sacó a los israelitas de Egipto y cruzó las aguas del mar Rojo, que se abrieron. En el desierto del Sinaí, los israelitas se portaron mal y adoraron a falsos dioses. Entonces, Dios llamó a Moisés en el monte Sinaí. Allí hizo una alianza con él y le entregó los Diez Mandamientos.

4 Esta alianza consistía en que Dios cuidaría de su pueblo, y este cumpliría los Diez Mandamientos. Moisés enseñó a los israelitas a cumplir los Diez Mandamientos y a ser amigos de Dios para ser felices y salvarse. Después, guio a su pueblo a Canaán, la Tierra prometida por Dios.

Actividades

1 En pequeño grupo, copiad y completad esta ficha en vuestro cuaderno.

Título de la historia:
Personaje principal:
¿Qué ocurre en el relato?:
¿Cómo termina la historia?:
¿Qué os ha gustado más? ¿Por qué?

Viaja por el tiempo
www.anayaeducacion.es

Localiza a Moisés en la línea del tiempo de la Biblia (banco de recursos).

2 Jorge y Ana se comprometieron a cumplir el siguiente pacto o alianza: hacer juntos un mural de clase. Llegó el día, y Ana no lo ayudó porque se fue a un cumpleaños.

Imagina que eres un amigo o amiga de Jorge. ¿Qué le dirías a Ana para que aprenda a cumplir sus pactos?

El valor de cumplir las normas

1 Lee y di a la clase tres buenas normas.

El valor de cumplir las normas consiste en respetar las reglas de un grupo para conseguir una buena convivencia. Por ejemplo, las normas de dar las gracias, de pedir las cosas por favor…

2 Relaciona y escribe en tu cuaderno el número y la letra. Después, elabora tus propios Diez Mandamientos sin utilizar la palabra NO.

Los Diez Mandamientos

1º Amarás a Dios sobre todas las cosas.

2º No tomarás el nombre de Dios en vano.

3º Santificarás las fiestas.

4º Honrarás a tu padre y a tu madre.

5º No matarás.

6º No cometerás actos impuros.

7º No robarás.

8º No darás falso testimonio ni mentirás.

9º No consentirás pensamientos ni deseos impuros.

10º No codiciarás los bienes ajenos.

Actúo y practico valores

¿Qué he aprendido?

1 Copia las frases en tu cuaderno completándolas con las palabras siguientes.

a) ¿Cómo darle gracias a Dios por sus regalos?

Cumpliendo los _ _?_ _ Mandamientos, practicando el mandamiento del _ _?_ _, realizando buenos comportamientos y siendo _ _?_ _ de Dios.

b) ¿Qué proponen el tercer y el séptimo Mandamiento, respectivamente?

El tercer Mandamiento, santificarás las _ _ _ ? _ _ _, y el séptimo, no _ _ _ ? _ _.

c) ¿Qué enseña el relato de Moisés?

Enseña a responder a la llamada de Dios para ser _ ? _ y cumplir la _ _ _ ? _ _ con Él.

¿Cómo lo he aprendido?

2 Evalúa del 1 al 10 tu trabajo en esta unidad.

Repaso y me evalúo

Taller de investigación 1

¿Cómo dialogamos con Dios en Navidad?

Observo la importancia de dialogar

Ruth montó un gran belén en el salón de su casa para impresionar a su primo Carlos.

Una mañana, Ruth vio una figura del belén tirada por el suelo. Y acusó a Carlos de haberla tirado.

En ese momento, todos observaron cómo Fluki, el gato de la familia, tiraba el puente del belén.

Desde ese día, Ruth aprendió a dialogar, a preguntar y a escuchar a los demás. También a rezar y a dialogar con Jesús como su mejor amigo.

Observo

Reflexiono y dialogo sobre el cómic

1. ¿Por qué Ruth acusó a su primo?
2. ¿Qué debería haber hecho antes de avisarle?
3. ¿Qué te enseña esta historia para saber dialogar mejor?

Mis primeras ideas

- ¿Qué es para ti dialogar? Pon un ejemplo.
- ¿Cómo se debe dialogar con los demás? ¿Y con Dios en Navidad?

Expreso mis experiencias

1. Crea una tarjeta sobre el diálogo. ¡Ayúdate del ejemplo!

Te pregunto. Te escucho.

Para dialogar, preguntad primero, después... escuchad
(Antonio Machado, poeta español)

Aprendo y valoro

Comienzo a investigar el diálogo con Dios

La amistad con Dios

La amistad con Dios consiste en dialogar con Él y practicar buenos comportamientos y sentimientos en la vida diaria. Los mejores amigos del cristiano son Dios y Jesús. La Biblia enseña la importancia de la amistad: «Un amigo fiel es un refugio seguro, y quien lo encuentra ha encontrado un tesoro» (Eclesiástico 6, 14).

La oración como diálogo con Dios

Los cristianos dialogan con Dios estando en silencio, contándole lo que sienten y les ocurre, rezando las oraciones cristianas… La más importante es el Padrenuestro, porque fue enseñada por Jesús.

Los tipos de oraciones cristianas son:

- Oraciones de acción de gracias: sirven para dar gracias a Dios; por ejemplo, «Gracias, Padre Dios, por los amigos que tengo».
- Oraciones de bendición: sirven para pedir a Dios felicidad; por ejemplo, «Que Dios bendiga los alimentos que vamos a tomar».
- Oraciones de petición: sirven para pedir ayuda a Dios; por ejemplo, «Padre Dios, te pido que mi padre encuentre pronto trabajo».

Dialogamos con Dios por medio de la oración.

Busco y selecciono información

El diálogo con Dios en Navidad

Navidad es un tiempo litúrgico de la Iglesia, que celebra el nacimiento del Niño Jesús. En este tiempo especial dialogamos con Dios al:

- Cantar villancicos y poner el portal de belén.
- Comer en familia para celebrar el nacimiento de Jesús.
- Felicitar la Navidad con mensajes de paz y amor.
- Participar en la Misa del Gallo, que se celebra la noche del 24 de diciembre, para recordar el nacimiento de Jesús.
- Compartir con los más necesitados y hacer felices a los demás.
- Rezar oraciones de la Iglesia y hablar con Dios, con Jesús y con la Virgen como si fueran nuestros mejores amigos.

Una forma de dialogar con Dios en Navidad es cantando villancicos.

Investigamos en equipos

1. Contestad a las preguntas:

   a) ¿Cómo se puede ser amigo de Dios y de Jesús?

   b) ¿Cómo dialogan los cristianos con Dios?

2. Consultad a la familia o en Internet un tipo de oración cristiana y presentad los resultados en clase.

3. Leemos y conversamos:

   a) ¿Qué se hace en vuestro entorno para dialogar con Dios en Navidad? ¿Qué puede hacer vuestro grupo para conseguirlo?

4. Realizad un *collage* de imágenes, fotografías o dibujos con diferentes formas de dialogar con Dios en Navidad.

Investigo con la Biblia

Los pastores visitan al Niño Jesús

El siguiente relato se encuentra en el Nuevo Testamento, en el Evangelio de San Lucas 2, 1-20.

Narra el nacimiento de Jesús, acompañado por los ángeles y los pastores. Los ángeles son espíritus de Dios que comunican buenos mensajes en su nombre.

Busca en el mapa
www.anayaeducacion.es

Localiza Nazaret y Belén en el mapa (banco de recursos).

1 José y María vivían en la ciudad de Nazaret. María esperaba el nacimiento de su hijo Jesús, concebido por obra del Espíritu Santo. Entonces, el emperador romano ordenó que todos los israelitas se empadronaran en la ciudad donde habían nacido. Por este motivo, María y José viajaron a Belén.

2 Al llegar a Belén, buscaron posada para pasar la noche, pero todas estaban ocupadas. Solo encontraron un establo a las afueras de Belén. A María le llegó el tiempo de dar a luz a su hijo, y allí nació Jesús. María lo envolvió en pañales y lo acostó en un pesebre.

¿Qué nos enseña para la vida diaria?

Este relato nos enseña el gran amor que Dios nos tiene, enviando a su Hijo, el Niño Jesús, para salvarnos. También enseña a practicar los valores de los pastores: su fe en Jesús y su humildad para encontrarlo y adorarlo.

Ahora, en inglés

Recita: «Paz a las personas de buena voluntad»: **Peace to people of good will**

TALLER 1

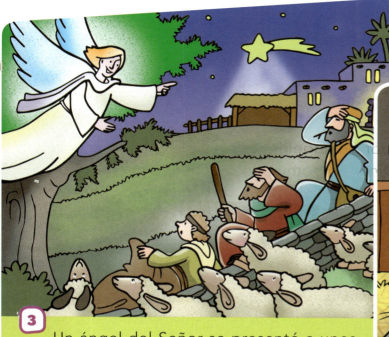

3 Un ángel del Señor se presentó a unos pastores que pasaban la noche allí con sus rebaños y les anunció la gran noticia del nacimiento de Jesús. Después, les dijo que encontrarían al Niño envuelto en pañales y acostado en un pesebre.

4 Los pastores encontraron a María, a José y al Niño acostado en el pesebre. Al verlo, lo adoraron, y después dieron gracias a Dios y contaron lo que habían visto y oído. Y quienes los escuchaban quedaban admirados.

Actividades

1 En parejas, realizad en vuestro cuaderno las siguientes actividades:

a) Leed cada viñeta y escribid en el cuaderno cuál es la idea principal de cada una.

b) Escribid qué os enseña este relato para la vida diaria.

2 Buscad en una biblia impresa u online: Evangelio de Lucas 2,13-14.

c) ¿Qué habéis descubierto de esta investigación sobre el nacimiento de Jesús?

Localiza a los pastores en la línea del tiempo de la Biblia (banco de recursos).

El valor de dialogar

El valor de dialogar consiste en hablar y escuchar con respeto a los demás. La persona dialogante no impone sus ideas, y conversa tranquilamente. Por ejemplo, escucha a Dios y a los demás.

¿Soy dialogante?

Este cuestionario quiere ayudarte a ser más dialogante.

Responde a cada pregunta en tu cuaderno con la siguiente clave: 3 = mucho, 2 = regular y 1= poco. Contesta con sinceridad. Solamente tú sabrás tu puntuación.

Preguntas:

1. ¿Pides el turno de palabra en los debates de clase?
2. ¿Esperas para hablar hasta que te toca tu turno de palabra?
3. ¿Escuchas en silencio a la persona que te habla?
4. ¿Preguntas cuando no entiendes lo que te dicen?
5. ¿Respetas las opiniones diferentes a las tuyas?
6. ¿Aprendes de las opiniones de los demás?

Reflexiona tu respuesta:

- De 6 a 9 puntos: ¡Atención! Debes aprender a ser más dialogante.
- De 10 a 14 puntos: ¡Adelante! Sigue esforzándote para ser más dialogante. Estás a punto de conseguirlo.
- De 15 a 18 puntos: ¡Enhorabuena! Sigue dialogando así de bien, y serás más feliz.

Actúo y practico valores

Trabajamos el valor de dialogar construyendo un ángel

En Navidad decoramos la casa y el portal con ángeles porque ellos dialogaron y anunciaron el nacimiento de Jesús: «El ángel les dijo: "No temáis, os anuncio una buena noticia que será de gran alegría para todo el pueblo: hoy, en la ciudad de David, os ha nacido un Salvador, el Mesías, el Señor" (Evangelio de San Lucas 2, 10-11).

1. Buscamos los materiales reciclados con la colaboración de la familia.

2. En equipo, nos ayudamos para elaborar el ángel de Navidad de cada niño o niña.

3. Pintamos o coloreamos tres tercios del rollo de papel higiénico en color blanco, y el resto, de *beige*, y lo dejamos secar.

4. Realizamos el pelo del ángel cortando un trozo de cartulina en forma de flequillo para hacer el cabello, o bien, pegándole trozos de lana.

Elaboro y presento el taller

29

Elaboro y presento el taller

5 Enrollamos la cartulina sobre un lápiz para darle forma al pelo, y lo pegamos en la parte *beige* del rollo.

6 Pintamos con rotulador la cara del ángel. Pegamos la oblea o una cartulina blanca en la espalda del ángel.

7 Formamos la aureola recortando un trozo de cartulina dorada o amarilla y pegándolo en forma de círculo. Después, la pegamos en la espalda con un trozo de cartulina para que la sostenga. Completamos la decoración con alguna estrella, un botón, etc.

8 El portavoz presenta los trabajos de los equipos a la clase.

9 Dialogamos en clase:

a) ¿Dónde vas a poner el ángel?

b) ¿Cómo has ayudado a los demás a realizar la manualidad?

c) ¿Qué te ha gustado más de esta actividad? ¿Por qué?

¿Qué he aprendido?

1 Observa la imagen y completa cada frase en tu cuaderno.

a) Cinco comportamientos para dialogar con Dios en Navidad son…

b) Tres comportamientos que impiden el diálogo con Dios son…

¿Cómo lo he aprendido?

2 Evalúate y contesta con sinceridad en tu cuaderno del 1 al 5, siendo 1 poco y 5 mucho.

	1	2	3	4	5
Me lo he pasado bien…	?	?	?	?	?
He cooperado con mi equipo…	?	?	?	?	?
He aprendido e investigado…	?	?	?	?	?

Evalúo el taller

3 ¿Qué es lo más importante de la vida de Jesús?

Observo la vida de una santa

Santa Juana de Lestonnac nació en 1556, en Burdeos, Francia. Desde niña fue amiga de Jesús y de María. Se casó, fue feliz en su matrimonio y tuvo ocho hijos.

Por su fe, Juana y su marido, Gascón, servían en su casa a pobres y ancianos. Ella visitaba las cárceles y, con sus hijos, ayudaba a las familias más necesitadas.

Al morir su marido, se hizo monja y fundó la orden religiosa de la Compañía de María Nuestra Señora, para educar cristianamente a las niñas más pobres.

Y dedicó su vida a fundar residencias y colegios para las niñas que no iban a la escuela y vivían casi como esclavas. En 1949, la Iglesia la proclamó santa.

Observo

Reflexiono y dialogo sobre el cómic

1 ¿Qué hacía Juana por su fe en Jesús y María?

2 ¿Para qué fundó la Compañía de María Nuestra Señora?

3 ¿Qué te llama más la atención de su vida? ¿Por qué?

Mis primeras ideas

- ¿Qué puedes contar sobre la vida de Jesús?
- ¿Qué te gustaría saber o preguntar sobre Jesús como hombre y como Dios?

Expreso mis experiencias

1 Observa la tarjeta y contesta: ¿Qué le dirías a Jesús por dedicar su vida a servir y salvar a los demás?

«YO ESTOY ENTRE VOSOTROS COMO EL *que sirve*»

(Evangelio de San Lucas 22, 27)

2 En parejas, buscad en Internet un vídeo con las siguientes palabras clave: «Vida Santa Juana de Lestonnac», y dialogad sobre él.

33

Aprendo y valoro

La vida de Jesús de Nazaret

Los primeros años de Jesús

Jesús nació en Belén y vivió en Nazaret. San José y la Virgen María le enseñaron a amar y a hablar con Dios. De pequeño, ayudaba a sus padres y jugaba con sus amigos. Iba a la sinagoga de su pueblo a leer y a estudiar la Biblia. Al cumplir los doce años, fue al templo de Jerusalén, donde sorprendió a los sacerdotes por sus palabras tan profundas sobre Dios.

La vida pública de Jesús

Al cumplir los treinta años, Jesús fue bautizado por su primo Juan Bautista. Después, se marchó de Nazaret, y comenzó su misión de enseñar el mensaje de amor y salvación de su Padre Dios. Para que le ayudaran en esta misión, eligió a doce apóstoles. A esta parte de su vida se la llama vida pública.

Dedicó su vida a amar, servir y hacer el bien: «Jesús de Nazaret, ungido por Dios con la fuerza del Espíritu Santo, que pasó haciendo el bien» (Hechos de los Apóstoles 10, 38). Ayudó a los más necesitados. Curó a los enfermos. Perdonó los pecados y realizó milagros. Y muchas personas creyeron en Él y siguieron sus enseñanzas.

La muerte y resurrección de Jesús

Los sacerdotes y los gobernantes de Israel, al ver que mucha gente creía en Jesús, se llenaron de envidia. Y, para poder apresarlo, dieron dinero al apóstol Judas para que les dijera dónde estaba.

Palabras nuevas

El **Mesías** es el Salvador prometido por Dios en el Antiguo Testamento. Este Mesías es Jesucristo.

La **sinagoga** es el templo de los judíos. En tiempos de Jesús, los niños aprendían a leer y a escribir con la Biblia.

Un **milagro** es un hecho extraordinario que no tiene explicación científica. Jesús realizó varios milagros con la ayuda de Dios.

Línea del tiempo: la vida de Jesús

| Nacimiento | Infancia | Bautismo | 12 apóstoles | Enseñanzas |

De a 1 a 30 años

34

Después de celebrar la Última Cena en Jerusalén con los doce apóstoles, fue apresado, acusado injustamente y crucificado. Al tercer día después de su muerte, Jesús resucitó, se apareció a algunas mujeres y a los apóstoles, y ascendió a los cielos.

El misterio de Jesús

El misterio de Jesús consiste en ser el Hijo de Dios y ser verdadero hombre y verdadero Dios.

- **Como verdadero hombre**, tuvo los mismos sentimientos y necesidades que las demás personas: amor, alegría, tristeza, sed, hambre… Fue «como nosotros, menos en el pecado» (Carta a los Hebreos 4, 15).

- **Como verdadero Dios**, fue concebido en la Virgen María por obra y gracia del Espíritu Santo. Conoció quién era su Padre Dios y su condición de ser el Hijo de Dios, hecho hombre para salvarnos. Realizó milagros. Y reveló que Él era el Mesías y el Salvador anunciado en el Antiguo Testamento.

Aprendo con las imágenes
- ¿Qué imagen de estas dos páginas te llama más la atención? ¿Por qué?

Actividades

1. En pequeños grupos, realizad una línea del tiempo con los hechos y lugares más importantes de la vida de Jesús. Decoradla con dibujos e imágenes. ¡Ayudaos del ejemplo!

2. Lee y contesta: ¿Cuál es el misterio de Jesús?

3. Dialoga con tu clase:
   a) ¿Qué te gusta más de la vida de Jesús? ¿Por qué?
   b) ¿Qué puedes aprender de Él para ser más feliz en tu vida diaria?

Línea del tiempo: la vida de Jesús

Milagros — Última Cena — Muerte — Resurrección — Ascensión

De a 30 a 33 años

UNIDAD 3

La Biblia me enseña

El bautismo de Jesús

El siguiente relato se encuentra en el Evangelio de San Mateo 3, 1-17, que pertenece al Nuevo Testamento.

Narra el bautismo de Jesús y los cambios que se producen en Él por esta experiencia: Dios le revela que Él es su Hijo; reza, descubre la voluntad de su Padre Dios e inicia su vida pública.

Viaja por el tiempo
www.anayaeducacion.es

Localiza a Jesús y a Juan Bautista en la línea del tiempo de la Biblia (banco de recursos)

1 Juan el Bautista era primo de Jesús. Siendo adulto, se fue a vivir al desierto. Allí vivió pobremente. Enseñaba que Dios desea la felicidad y la salvación de las personas. Y que, para conseguirlo, había que arrepentirse de los pecados y bautizarse. Muchos israelitas le confesaban sus pecados, y él los bautizaba en el río Jordán.

2 Un día, Jesús llegó al río Jordán y le pidió a Juan que lo bautizara. Al principio, Juan no quiso bautizarlo, porque sabía que Jesús era el Hijo de Dios. Por eso, le dijo: «Soy yo el que necesito que tú me bautices. ¿Y tú acudes a mí?». Pero Jesús le dijo que así lo quería su Padre Dios. Entonces, Juan lo bautizó.

¿Qué nos enseña para la vida diaria?

Este relato nos enseña cuál es el origen del sacramento del Bautismo y el cambio que se produce en la persona que se bautiza: comienza una nueva vida de fe y amor con Dios, con los demás, consigo mismo y con la Iglesia.

Ahora, en inglés

Recita:
«El bautismo de Jesús»
The baptism of Jesus.

UNIDAD 3

③ Después de ser bautizado, Jesús salió del agua. Mientras salía, se abrieron los cielos, y vio el Espíritu de Dios que bajaba en forma de paloma y venía sobre Él. También se escuchó una voz que venía del cielo y que dijo: «Este es mi Hijo amado».

④ Después, Jesús pasó cuarenta días y cuarenta noches en el desierto. Allí rezó a su Padre Dios para saber qué quería Él que hiciera con su vida. Al salir del desierto, Jesús decidió dedicar su vida a enseñar el mensaje de Dios con sus palabras y los hechos de su vida diaria.

Actividades

1 En parejas, relacionad cada frase con su viñeta. Escribe en tu cuaderno cada pareja de letra y número. ¡Ayúdate del ejemplo!

Frase del relato	Número de la viñeta
a) Vio el Espíritu de Dios que bajaba en forma de paloma.	3
b) Jesús llegó al río Jordán y le pidió a Juan que lo bautizara.	
c) Jesús decidió enseñar el mensaje de Dios.	
d) Juan el Bautista era primo de Jesús.	
e) Se escuchó: «Este es mi Hijo amado».	

Copia y completa en tu cuaderno

2 Ordena las palabras subrayadas e interpreta el significado de los símbolos del relato.

a) «Se abrieron los cielos», la relación entre Dios, súsJe y el bautidoza.

b) «Una paloma» simboliza al Espíritu ntoSa o Espíritu de osDi.

3 Dibuja uno de los símbolos anteriores y escribe en su interior un mensaje de paz.

Actúo y practico valores

El valor del servicio

1 En parejas, comentad la siguiente definición y poned dos ejemplos.

El valor del servicio consiste en realizar tareas desinteresadamente para ayudar, consolar y hacer felices a los demás; por ejemplo, recoger la mesa en casa. Jesús enseñó con sus comportamientos que «no ha venido a ser servido, sino a servir y a dar su vida en rescate por muchos» (Evangelio de San Mateo 20, 28).

2 Observa cada imagen y dialoga con tu clase.

a) ¿Qué gesto de servicio aparece en cada fotografía?
b) ¿Qué comportamiento te gusta más? ¿Por qué?
c) ¿Qué servicio a los demás es más necesario hoy?

3 Reflexiona y completa tu compromiso en tu cuaderno.

PASOS PARA REALIZAR UN COMPROMISO DE SERVICIO			
Me comprometo a…	Para hacer feliz a…	Lo voy a realizar el…	En…
Ayudar a colgar la ropa en el tendedero.	Mi familia.	Sábado por la mañana.	La azotea de mi casa.
?	?	?	?

38

¿Qué he aprendido?

1 Contesta en tu cuaderno con cinco hechos de Jesús: ¿Qué es lo más importante de la vida de Jesús?

2 Escribe en tu cuaderno el número de cada afirmación y una V si es verdadera o una F si es falsa. Escribe las falsas correctamente.

1. Jesús nació en Jerusalén y vivió en Nazaret.
2. El bautismo de Jesús es el momento de inicio de su vida pública.
3. Juan el Bautista bautizó a Moisés en el río Jordán.
4. Jesús celebró la Última Cena en Jerusalén con los doce apóstoles.
5. Jesús, el Hijo de Dios, es verdadero hombre y verdadero Dios.
6. Al segundo día, después de su muerte, Jesús resucitó.
7. El Espíritu de Dios bajó en forma de paloma en el bautismo de Jesús.
8. El bautismo de Jesús es el origen del sacramento del Bautismo.

¿Cómo lo he aprendido?

3 Copia la diana en tu cuaderno y marca en ella, de 1 a 3, en qué nivel estás en cada aspecto: poco (1), regular (2), mucho (3).

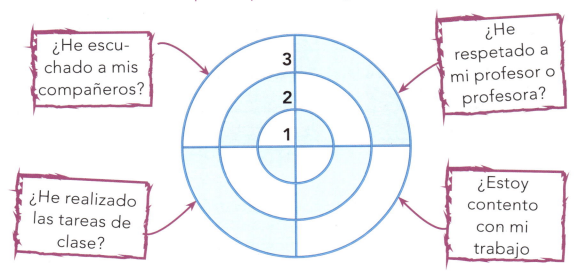

Repaso y me evalúo

4 ¿Cuál es la misión de Jesús?
Observo cómo cumplir lo prometido

Una voluntaria de Cáritas puso a 3.º B un vídeo de un comedor social de la Iglesia, para colaborar en la misión de esta.

Al ver cómo monjas y voluntarios preparaban y repartían comida a personas que dormían en la calle, familias sin trabajo, emigrantes…

…la clase prometió ayudarlos recogiendo dinero, alimentos y ropas. Pero en los días siguientes, se olvidó de la promesa y no recogieron nada.

La profesora les recordó su promesa. Los niños y las niñas recogieron lo prometido. Y se sintieron felices por cumplir su promesa y colaborar con Jesús.

Observo

Reflexiono y dialogo sobre el cómic

1 ¿Qué ocurrió en la clase de 3.°B?
2 ¿Sabes qué labor realiza Cáritas?
3 ¿Cómo colaboró la clase en la misión de Jesús?
4 ¿Qué te enseña este relato para ser más feliz?

Mis primeras ideas

- ¿Se deben cumplir las promesas que se hacen? ¿Por qué?
- ¿Cuál es la misión de Jesús? ¿Para qué vino Jesús al mundo?

Expreso mis experiencias

1 Lee y di un ejemplo de una persona que hace una promesa y la cumple.

Prometer es fácil; lo difícil es cumplir esa promesa (anónimo).

Aprendo y Valoro

La misión de Jesús

Las personas buscan la felicidad

La felicidad es un estado de estar bien con Dios, con los demás, consigo mismo y con la naturaleza. Las personas buscan ser felices por diferentes caminos. Unos son equivocados, porque hacen infelices y destruyen a las personas; por ejemplo, ser egoísta. Y otros son verdaderos, porque hacen felices y humanizan; por ejemplo, ayudar a los necesitados.

La misión de Jesús

La misión de Jesús consistió en enseñar el mensaje de amor y salvación de su Padre Dios. Este mensaje lo expresó con sus palabras (el Padrenuestro, las parábolas, etc.) y con los hechos de su vida, especialmente sus milagros (curar enfermos, resucitar a los muertos, etc.).

Jesús entregó su vida para que las personas fueran felices y se salvaran. Lo hizo por medio de su pasión, muerte y resurrección.

El mensaje de Jesús

Jesús enseñó el mensaje del Reino de Dios. Un reino que está en el corazón de la persona que acepta el mensaje de Jesús. Crece en la tierra cuando practicamos el bien, por ejemplo, la justicia. En este reino invisible y espiritual, Dios es nuestro Padre. Nos ama como a hijos suyos; nos perdona, nos cuida, y desea que vivamos como hermanos en completa felicidad.

> **Aprendo con las imágenes**
> - Observa las imágenes y contesta: ¿Qué imagen te gusta más? ¿Por qué? ¿Qué te llena a ti de felicidad?

Estar unidos llena de felicidad.

El Mandamiento del Amor

Jesús enseñó el camino para encontrar la felicidad y la salvación. Este camino es practicar el Mandamiento del Amor, que consiste en amar a Dios, a los demás y a uno mismo. Así lo enseñó Jesús:

«Os doy un mandamiento nuevo: amaos los unos a los otros. Como yo os he amado, así también amaos los unos a los otros. Por el amor que os tengáis los unos a los otros reconocerán todos que sois discípulos míos» (Evangelio de San Juan 13, 34-35).

Jesús curando a los enfermos, dibujo de G. Doré.

Colaborar con la misión de Jesús llena de felicidad.

Actividades

1. Lee cada apartado y completa en tu cuaderno.

   a) La felicidad es…

   b) La misión de Jesús consistió en…

   c) Jesús enseñó el mensaje del Reino de Dios, que es…

   d) El Mandamiento del Amor es…

2. ¿Qué te enseña la misión de Jesús para ser feliz en tu vida?

3. Imagínate que practicas el Mandamiento del Amor. Lee el texto siguiente y di qué responderías a las preguntas de Inma.

   Inma es una niña tímida. Ayer presentó su trabajo en clase, y, en el patio, dos compañeros se rieron de ella. Al llegar a su casa, se puso a llorar, y le dijo a su papá: ¿Qué debo hacer para que me respeten? ¿Y para sentirme bien?

La Biblia me enseña

Jesús y la hija de Jairo

El siguiente milagro de Jesús se narra en el Evangelio de San Marcos 5, 21-43, que se encuentra en el Nuevo Testamento.

Este relato muestra cómo Jesús realizó milagros que sorprendieron a las personas de su tiempo. Así realizó su misión de amar, salvar y hacer felices a las personas.

Viaja por el tiempo
www.anayaeducacion.es

Localiza a Jairo en la línea del tiempo de la Biblia (banco de recursos).

Busca en el mapa
Localiza Cafarnaún (banco de recursos).

1 Jairo era jefe de la sinagoga de Cafarnaún y tenía mucha fe en Dios. Estaba triste porque su hija de doce años estaba enferma. A pesar de ser una persona importante, ningún médico era capaz de curarla. Al escuchar que Jesús estaba predicando por Cafarnaún, buscó a Jesús, se echó a sus pies y le pidió que curara a su hija.

2 Jesús se llenó de ternura y le ofreció ayudarlo. Mientras iban para la casa de Jairo, muchas personas paraban a Jesús para pedirle ayuda. Por eso, apenas podía caminar. Jairo insistió a Jesús para que se diera prisa. Entonces llegó un criado de la casa de Jairo y le dijo que su hija había muerto.

¿Qué nos enseña para la vida diaria?

Después de leer este relato, habremos aprendido la gran humanidad de Jesús por las personas enfermas, la importancia de la fe para superar los problemas de la vida y cómo los gestos de ayuda y ternura hacen felices a las personas.

Ahora, en inglés

Recita:
Los milagros de Jesús:
The miracles of Jesus

UNIDAD 4

3 A pesar de esta noticia, Jesús insistió en ver y hablar con su hija. Cuando llegaron a la casa, la gente estaba llorando de pena. Al ver cómo sufrían, Jesús les dijo que la niña no había muerto. Al escuchar estas palabras, se burlaron de él.

4 Jesús mandó que salieran todos de la casa. Entró en la habitación de la hija. La cogió de la mano y le pidió que se levantara. Inmediatamente, la niña se levantó y echó a andar. Al verla, la gente se quedó asombrada y contó el milagro por toda la región.

Actividades

1 Observa, lee cada viñeta y escribe en tu cuaderno una frase con cada pareja de palabras. ¡Ayúdate del ejemplo!

Viñeta 1: *Jairo – Cafarnaún* = **Jairo** era jefe de la sinagoga de *Cafarnaún.*

Viñeta 2: *Jesús – ternura – ayudarlo*

Viñeta 3: *Jesús – ver – hablar*

Viñeta 4: *niña – levantó – andar*

2 ¿Qué te enseña este relato para ser más feliz?

3 Por parejas, inventad un diálogo actual entre Jesús y la hija de Jairo. ¿Qué le dirías a Jesús si fueras la hija de Jairo? ¿Y qué respondería Jesús a la niña?

Palabras nuevas

Cafarnaún: ciudad del país de Jesús situada a orillas del mar de Galilea.

Milagro: hecho extraordinario que ocurre en las personas o en la naturaleza por la intervención de Dios.

Ternura: sentimiento de comprensión y amor hacia otra persona.

El valor de cumplir lo prometido

El valor de cumplir lo prometido consiste en realizar el buen comportamiento que se ha ofrecido hacer a otra persona o a un grupo. Es un compromiso, como, por ejemplo, prometer y ayudar a estudiar a un compañero.

1 En parejas, dialogad sobre las siguientes preguntas.

a) ¿Prometes y cumples tus promesas?
b) En general, ¿cumples lo que prometes?
c) ¿Has prometido algo importante en tu vida?
d) ¿Qué fue?
e) ¿Lo has cumplido?
f) ¿Cómo te sientes cuando alguien no cumple la promesa que te hizo?
g) ¿Qué promesa fue?

2 Copia esta ficha en tu cuaderno y complétala. ¡Sé sincero! Solo tú sabrás tu compromiso.

MI COMPROMISO

Yo, _____?_____, te prometo que voy a ____?____

y lo voy a cumplir el día ____?____ en el lugar

____?____ y con la persona de ____?____ .

Firmado: ____?____

3 Expresa tu opinión a la clase. ¿Qué te ha gustado más de esta actividad? ¿Para qué te ha servido?

Actúo y practico valores

¿Qué he aprendido?

1 Contesta en tu cuaderno. ¿Cuál es la misión de Jesús?

2 Relaciona y escribe en tu cuaderno el número y la letra de cada frase.

1. La misión de Jesús es enseñar el mensaje de …
2. Jesús enseñó su mensaje con las palabras y con …
3. Jesús enseñó la oración del …
4. Jesús entregó su vida para que …
5. Jesús explicó el mensaje del …
6. Jesús propuso practicar …
7. La resurrección de la hija de Jairo es …

a) Padrenuestro.
b) Reino de Dios.
c) amor y salvación de Dios.
d) los hechos de su vida.
e) el Mandamiento del Amor.
f) un milagro de Jesús.
g) las personas fueran felices y se salvaran.

¿Cómo lo he aprendido?

3 Autoevalúate con justicia del 1 al 10.

a) ¿Qué nota me merezco en esta unidad?

b) ¿Qué nota me pongo por mi comportamiento en clase?

Repaso y me evalúo

Taller de investigación 2

¿Qué nos enseña la resurrección de Jesús?

Observo una tradición sobre la resurrección

Vanessa pidió a su madre comerse un conejo de chocolate. Pero su mamá le dijo que no, y Vanessa se quedó un poco extrañada y desilusionada.

El Domingo de Resurrección, su mamá le pidió que buscara el conejo. Después, le contó la leyenda del conejo de Pascua, que explicaba su significado.

En la cueva donde estaba enterrado Jesús había un conejo, que vio cómo Jesús resucitaba. Para comunicar esta noticia, regaló huevos de chocolate.

Desde ese día, se esconden y se regalan conejos y huevos de chocolate, para recordar que Jesús resucitó y que hay que vivir alegres.

Observo

Reflexiono y dialogo sobre el cómic

1 ¿Qué sucede en el relato?

2 ¿Qué te gusta más de esta leyenda?

3 ¿Qué te enseña sobre Jesús?

Mis primeras ideas

- ¿Qué tradición de tu localidad conoces? ¿Cómo se celebra? ¿Dónde?
- ¿Qué puedes preguntar o contar sobre la resurrección de Jesús?

Expreso mis experiencias

1 Observa y lee la tarjeta. Cierra los ojos y expresa en una palabra qué sientes al verla. Ayúdate de los ejemplos.

Palabras nuevas

Tradición: Es una costumbre que se transmite durante años de unas generaciones a otras. Por ejemplo, regalar conejos y huevos de Pascua por la resurrección de Jesús.

Leyenda: Es un relato que mezcla hechos reales con hechos imaginarios. Por ejemplo, en la leyenda del conejo de Pascua, un hecho real es la muerte y la resurrección de Jesucristo, y un hecho imaginario es el conejo y los huevos que pinta y regala.

Aprendo y valoro

Comienzo a investigar la resurrección de Jesús

Jesús propone seguir su ejemplo de vida

Jesús propuso seguir su ejemplo de vida y enseñar su mensaje de amor y salvación. Llamó a varias personas para seguirle y ayudarle en su misión: «Ven y sígueme» (Evangelio de San Mateo 11, 21). Ante la llamada de Jesús hubo diferentes respuestas. Algunos rechazaron seguirle, como el joven rico. Y otros aceptaron seguirle formando parte de su grupo de amigos y discípulos: María Magdalena, Zaqueo, los hermanos Marta, María y Lázaro, etc.

«Él iba caminando de ciudad en ciudad y de pueblo en pueblo, proclamando y anunciando la Buena Noticia del reino de Dios, acompañado por los Doce, y por algunas mujeres» (Evangelio de San Lucas 8, 1-2).

Cómo seguir a Jesús en la vida cotidiana

Hoy los cristianos siguen el ejemplo de Jesús teniendo fe en Él; rezándole y dándole gracias; enseñando su mensaje; colaborando en las tareas de la Iglesia; practicando el Mandamiento del Amor; participando en los sacramentos, especialmente en la Eucaristía; y practicando los valores humanos y cristianos.

Grabado que representa a Zaqueo en la higuera.

TALLER 2

Busco y selecciono información

La resurrección de Jesucristo

Los apóstoles y las personas que seguían a Jesús le amaban mucho. Después de su muerte, se sintieron tristes porque pensaron que no lo volverían a ver. Pero, al tercer día, Jesús resucitó. Y se apareció a algunas mujeres y a sus apóstoles.

El día de Pentecostés, los apóstoles recibieron la fuerza del Espíritu Santo. Desde ese día, se fortaleció su fe, y continuaron siguiendo a Jesús resucitado. Gracias a estos hechos extraordinarios, descubrieron el misterio de la Resurrección.

La Iglesia celebra la resurrección

El hecho más importante de la fe de los cristianos es la resurrección de Jesucristo. Y ello por los siguientes motivos:

- Recuerda que la vida continúa después de la muerte.
- Muestra el triunfo sobre la muerte y el pecado.
- Enseña que todos resucitaremos con Jesucristo.

La Iglesia recuerda y celebra la resurrección de Jesucristo cada domingo en la Eucaristía y en el tiempo Pascual, especialmente el Domingo de Resurrección, llamado también Domingo de Pascua.

Vitral que representa a Cristo resucitado (iglesia alemana de Estocolmo, Suecia).

Investigamos en equipos

1. Leed cada apartado y contestad a las preguntas.

   a) ¿Qué diferentes respuestas hubo a la llamada de Jesús? Decid algún ejemplo.

   b) ¿Cómo podemos seguir a Jesús en nuestra vida cotidiana?

2. Consultad a la familia o en Internet un ejemplo de una persona que siguió a Jesús; por ejemplo, Zaqueo.

3. Presentad los resultados de vuestra investigación a la clase.

4. Leemos y dialogamos:

   a) ¿Qué ocurrió después de la resurrección de Jesús?

   b) ¿Cómo celebra la Iglesia su resurrección?

5. Realizad un mural con imágenes, fotografías o dibujos de la celebración de la Resurrección en vuestra localidad u otra ciudad.

51

Investigo con la Biblia

Apariciones de Cristo resucitado

El relato que vas a leer se narra en el Nuevo Testamento, en el Evangelio de San Juan 20, 1-20. Trata sobre las apariciones reales de Cristo resucitado a María Magdalena y a sus discípulos.

En tiempos de Jesús se enterraba en cuevas, que se cerraban con una piedra circular.

Busca en el mapa
www.anayaeducacion.es
Localiza la ciudad de Jerusalén en el mapa (banco de recursos).

1 Jesús murió en una cruz en Jerusalén. Sus discípulos lo envolvieron en una sábana y lo enterraron en un sepulcro excavado en una roca. El domingo, al amanecer, María Magdalena fue a visitar el sepulcro de Jesús.

2 Al llegar, vio que el sepulcro estaba abierto y vacío. Entonces, echó a correr y les dijo a los apóstoles Pedro y Juan que se habían llevado el cuerpo de Jesús. Los dos fueron al sepulcro y solamente vieron la sábana doblada.

¿Qué nos enseña para la vida diaria?

Este relato enseña que la resurrección de Cristo llena de alegría a los cristianos, porque Él vive para siempre en nosotros, y nos da esperanza en que la vida triunfa sobre la muerte, y la alegría sobre la tristeza.

Ahora, en inglés
Recita: «Feliz Pascua»: **Happy Easter**

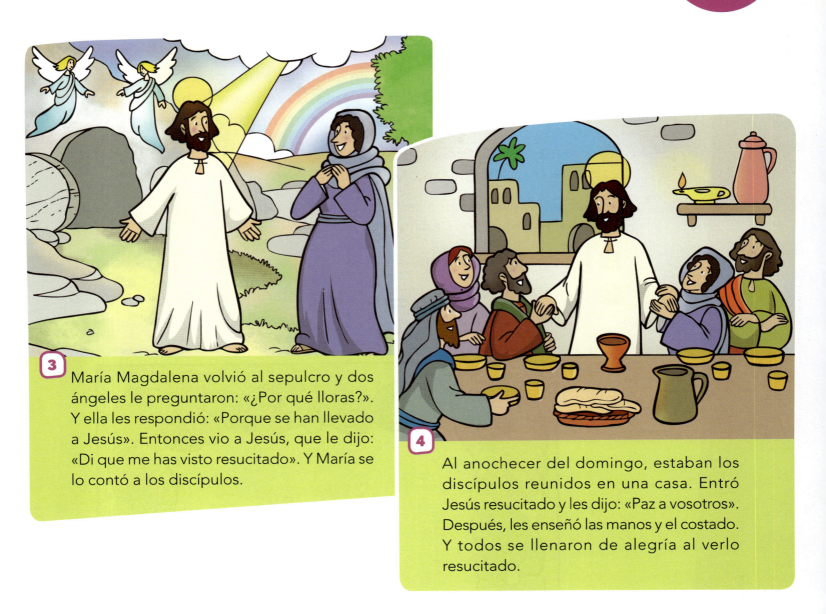

3 María Magdalena volvió al sepulcro y dos ángeles le preguntaron: «¿Por qué lloras?». Y ella les respondió: «Porque se han llevado a Jesús». Entonces vio a Jesús, que le dijo: «Di que me has visto resucitado». Y María se lo contó a los discípulos.

4 Al anochecer del domingo, estaban los discípulos reunidos en una casa. Entró Jesús resucitado y les dijo: «Paz a vosotros». Después, les enseñó las manos y el costado. Y todos se llenaron de alegría al verlo resucitado.

Actividades

1 En parejas, realizad las actividades siguientes:

a) Inventad un título para cada viñeta.

b) Escribid los nombres de los personajes del relato.

c) Decid qué os enseña este relato.

d) ¿Qué sentiríais si vieseis a Jesús resucitado? ¿Qué le diríais y preguntaríais?

📶 Localiza a María Magdalena en la línea del tiempo de la Biblia (banco de recursos).

Actúo y practico valores

El valor de felicitar

El valor de felicitar consiste en expresar a una persona que nos alegramos por algún acontecimiento bueno que le ha ocurrido; por ejemplo, el felicitar la Pascua por la resurrección de Jesús.

1. Piensa en una persona a la que quieras felicitar por algo bueno que ha hecho por ti.

2. Observa y realiza una tarjeta con un mensaje para felicitarle la Pascua de Resurrección.

3. Entrega la tarjeta con un abrazo a la persona en la que pensaste.

4. Dialoga con tu clase: ¿Qué te ha gustado más de esta actividad? ¿Por qué?

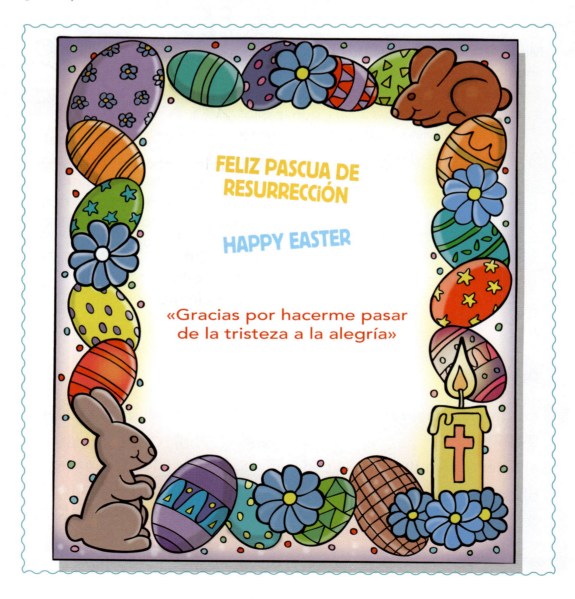

FELIZ PASCUA DE RESURRECCIÓN

HAPPY EASTER

«Gracias por hacerme pasar de la tristeza a la alegría»

54

Trabajamos el valor de felicitar construyendo un conejo de Pascua

Una tradición de los cristianos es felicitar la resurrección de Jesús con alguna tarjeta, con conejos o huevos de chocolate, o elaborando una manualidad con un mensaje de alegría; por ejemplo: «Feliz Pascua de Resurrección».

1. Buscamos los materiales reciclados en colaboración con la familia.

2. En equipo, cooperamos para elaborar la cesta de cada niño o niña.

3. Realizamos la cara recortando un círculo de cartulina blanca. En el centro pegamos un triángulo pequeño rosa, que será la nariz. Después, con rotulador negro, dibujamos los ojos y una boca sonriente. Y pegamos este círculo sobre nuestro vaso.

Elaboro y presento el taller

Elaboro y presento el taller

4 Recortamos, para las orejas, dos óvalos o círculos alargados grandes de cartulina blanca y dos más pequeños de cartulina rosa. Pegamos el pequeño dentro del grande. Una vez terminados, los pegamos en la parte superior del vaso por detrás de la cara del conejo, de forma que sobresalgan de la cabeza. Realizamos la cola del conejo pegando un trozo de algodón.

5 Recortamos una tira de cartulina y la pegamos de lado a lado del vaso para elaborar el asa. Metemos una cartita, un dibujo, un caramelo, una dedicatoria, etc.

6 El portavoz presenta los trabajos de los equipos a la clase.

7 Dialogamos en clase:

a) ¿A quién te gustaría regalar esta manualidad?

b) ¿Qué dedicatoria o palabra te gustaría escribirle? ¿Por qué?

c) ¿Qué te ha gustado más de esta actividad?

¿Qué he aprendido?

1 Contesta en tu cuaderno.

¿Qué nos enseña la resurrección de Jesús?

2 Escribe el número de la pregunta y la respuesta correcta.

1. ¿Qué ejemplo propuso Jesús para seguir?

   a) Su físico.   b) Su país.   c) Su vida.

2. ¿Para qué llamó Jesús a varias personas?

   a) Para seguirle.   b) Para cantar.   c) Para triunfar.

3. ¿Cómo siguen hoy los cristianos el ejemplo de Jesús?

   a) Viendo una película.   b) Participando en la Eucaristía.   c) Haciendo deporte.

4. ¿Cuándo resucitó Jesús después de su muerte?

   a) El primer día.   b) El quinto día.   c) El tercer día.

5. ¿Cuál es el hecho más importante de la fe de los cristianos?

   a) La resurrección de Jesús.   b) La Navidad.   c) Pentecostés.

¿Cómo lo he aprendido?

3 Copia en tu cuaderno y marca de 1 a 3 sobre la diana según el nivel que consideres: poco (1), regular (2), mucho (3).

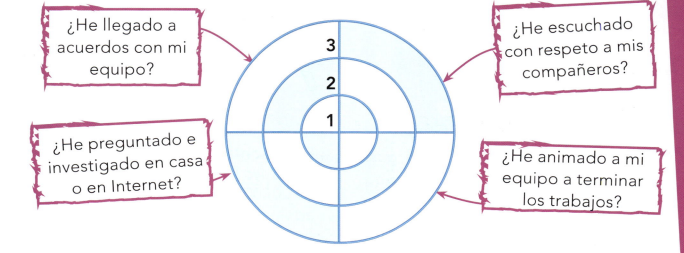

Evalúo el taller

57

5 ¿Cómo continúa la Iglesia la misión de Jesús?

Observo la obra de un misionero cristiano

Pedro Opeka es un misionero y sacerdote católico de Argentina. Sus padres le enseñaron el oficio de albañil y a ser amigo de Jesús.

En 1975 llegó a Madagascar como misionero. Allí se encontró con un gran vertedero de basura donde comían y malvivían 5000 personas.

Para que las personas pudieran vivir mejor y ser más felices, comenzó a construirles casas con sus manos y con la ayuda de voluntarios y de Manos Unidas.

Para continuar la misión de Jesús, construyó la actual ciudad de Akamasoa, de 20000 habitantes, donde unos 7000 adolescentes van a la escuela. Y ello, gracias al amor y a la fe en Jesús.

Observo

Reflexiono y dialogo sobre el cómic

1 ¿Quién es Pedro Opeka?

2 ¿Qué hizo para que fueran más felices las personas del basurero?

3 ¿Qué te enseña sobre el amor?

Mis primeras ideas

- ¿Qué es para ti el amor? Pon un ejemplo.
- ¿Cuál es la misión de Jesús? ¿Cómo continúa la Iglesia la misión de Jesús?

Expreso mis experiencias

1 Observa la tarjeta y realiza una similar en la que expreses con un dibujo un gesto de amor.

«Ama cuando puedas, ama a quien puedas, ama todo lo que puedas» (Amado Nervo, escritor mexicano).

59

Aprendo y valoro

La misión de la Iglesia

La Iglesia continúa la misión de Jesús

Jesús eligió a los doce apóstoles para que continuaran su misión de amor y salvación: «Id, pues, y haced discípulos a todos los pueblos, bautizándolos en el nombre del Padre y del Hijo y del Espíritu Santo; enseñándoles a guardar todo lo que os he mandado» (Evangelio de San Mateo 28, 19-20).

La Iglesia continúa la triple misión que Jesús encargó a sus apóstoles:

- **Enseñar** el mensaje de salvación de Jesucristo a todas las personas, en las escuelas, las familias, las parroquias, etc.

- **Santificar,** ayudando a las personas a practicar el mensaje de Jesús, a encontrarse personalmente con Dios, a portarse bien y a ser santas.

- **Gobernar** a todos los cristianos como la familia y el pueblo de Dios.

Acciones de la Iglesia que continúa la misión de Jesús

La Iglesia y los cristianos realizan la misión de Jesús por medio de diferentes acciones. Las más importantes son:

- Profesar la fe cristiana. Por ejemplo, recitando el Credo en la misa.

- Celebrar la fe cristiana. Por ejemplo, participando de los sacramentos.

- Practicar la fe cristiana. Por ejemplo, realizando actos de caridad.

- Rezar. Por ejemplo, rezando el Padrenuestro y el Avemaría.

La caridad, camino a la felicidad

La palabra caridad significa amor. Jesús enseñó en la Última Cena, el Mandamiento del Amor o de la caridad, que consiste en amar a Dios, a los demás y a uno mismo. Es el Mandamiento más importante y el camino para encontrar la felicidad y la salvación completas.

Palabras nuevas

Profesar es expresar públicamente la fe.

La **fe cristiana** consiste en amar y creer en Dios Padre, en su Hijo Jesucristo y en el Espíritu Santo. También consiste en ser amigo de Jesús y practicar su mensaje de amor.

El amor es, además, el principal valor humano y cristiano: «Si tuviera fe como para mover montañas, pero no tengo amor, no sería nada (...). La fe, la esperanza y el amor: estas tres. La más grande es el amor» (Primera Carta a los Corintios 13, 2 y 13).

Los sacramentos y la felicidad

Los sacramentos son las principales celebraciones religiosas de la Iglesia católica. Ayudan a encontrarse con Jesucristo y a recibir la fuerza del Espíritu Santo para colaborar en su misión. Participar en los sacramentos es un camino que permite encontrar la salvación y la felicidad en la vida diaria.

Los sacramentos son siete: Bautismo (1), Confirmación (2), Eucaristía (3), Penitencia (4), Unción de Enfermos (5), Orden (6) y Matrimonio (7).

Aprendo con las imágenes

- ¿Cómo se observa en los dibujos que la Iglesia continúa la misión de Jesús?

Actividades

1 En parejas, realizad estas actividades:

a) ¿Qué triple misión encargó Jesús a la Iglesia?

b) Escribid tres acciones de la Iglesia que continúan la misión de Jesús.

c) La caridad consiste en...

d) ¿Para qué sirve seguir el camino de los sacramentos?

e) Leed y explicad a la clase una de vuestras respuestas.

2 Cuenta cómo una persona que practica la caridad cristiana y participa de los sacramentos es más feliz y hace más felices a los demás.

Puede ser alguien que conozcas o un personaje creado por ti

La Biblia me enseña

Curación de un paralítico

El relato que vas a leer se narra en el libro de los Hechos de los Apóstoles, 3, 1-10, y 4, 32-33, que se encuentra en el Nuevo Testamento.

San Pedro fue el primer Papa de la Iglesia. Es uno de los doce apóstoles que Jesús eligió para ser el responsable de su Iglesia y continuar su misión.

Viaja por el tiempo

www.anayaeducacion.es

Localiza al apóstol Pedro en la línea del tiempo de la Biblia (banco de recursos).

1 Un día, Pedro y Juan fueron al templo a rezar. En la puerta del templo se encontraron con un paralítico, que pedía limosna a quienes entraban. Al ver entrar a Pedro y a Juan, les pidió limosna.

2 Pedro le miró y le dijo: «Míranos». El hombre les miró, esperando que le dieran algo. Pero Pedro le dijo: «No tengo plata ni oro, pero te doy lo que tengo: en nombre de Jesucristo Nazareno, levántate y anda». Y, agarrándolo de la mano derecha, lo levantó.

¿Qué nos enseña para la vida diaria?

Después de leer este relato, conoceremos diferentes valores humanos y cristianos para ser felices; la fe de Pedro en Jesús, su compasión por el enfermo y su colaboración en la misión de Jesús, y el agradecimiento y la alegría del enfermo por ser curado.

Ahora, en inglés

Recita:
Vivir unidos en un solo corazón
Living together in one heart.

UNIDAD 5

3 Al instante, se puso en pie de un salto, comenzó a andar y entró con ellos en el templo, dando brincos y alabando a Dios. Al ver este milagro, quedaron maravillados ante lo que le había sucedido.

4 Con esta curación, Pedro y los primeros cristianos continuaron la misión de Jesús. También la continuaron viviendo unidos como si fueran un solo corazón, compartiendo todo lo que tenían y dando testimonio de la resurrección de Jesús.

Actividades

1 Ordena las palabras subrayadas y escríbelas en tu cuaderno. Después, lee las frases y ordénalas según ocurrieron.

a) Pedro le dijo: «ateLevánt y anda».

b) Los primeros tiacrisnos continuaban la misión de Jesús.

c) Entró con Pedro y Juan, andoalab a Dios.

d) Pedro y Juan fueron al templo a rearz.

2 En parejas, realizad una escala de cinco valores (de mayor a menor importancia) para ser felices y colaborar en la misión de la Iglesia.

Ayudaos de los siguientes ejemplos:

regalar – curar – fe – compasión
amor – caridad – libertad – unión
colaboración – alegría
agradecimiento solidaridad
salud – amistad

63

El valor del amor

1 Lee y di con tus palabras en qué consiste el valor del amor.

El valor del amor consiste en el buen sentimiento y comportamiento de ayuda y cariño a los demás, a Dios y a uno mismo. Para el cristiano es lo más importante, porque: «Quien no ama no ha conocido a Dios, porque Dios es amor» (Primera Carta de San Juan 4, 8).

2 Escribe una poesía sobre el amor. ¡Ayúdate del siguiente ejemplo!

Ama y dilo con tu vida

Ama y haz lo que quieras.
Si te callas, calla por amor.
Si hablas, habla por amor.
Si corriges, corrige por amor.
Si perdonas, perdona por amor.
Ten el amor en el fondo de tu corazón.

Si no ayudas, azlo por amor

San Agustín de Hipona,
santo de la Iglesia.

Si amas, ama por amor

3 Completa con un gesto de amor que te comprometes a realizar esta semana.

PASOS PARA REALIZAR UN GESTO DE AMOR			
¿Qué gesto va a ser?	¿A qué persona?	¿Cuándo?	¿Dónde?
Dar un beso de buenas noches	A mi padre	El domingo	En mi casa
ayodar	a nadie	nunca	en ningun sitio

4 Prepara con tu clase una exposición con todas las poesías. ¡Colabora! ¡Sé creativo!

¿Qué he aprendido?

1. Escribe en tu cuaderno una frase con las palabras **Iglesia – misión – Jesús**.

   La iglesia continua la misión de Jesús

2. Copia la tabla en tu cuaderno y completa con estas palabras.

> caridad   enseñar   apóstoles
> sacramentos   Jesucristo

LA IGLESIA CONTINÚA LA MISIÓN DE JESÚS		
porque	que consiste en	por medio de
Jesucristo encargó a los *apóstoles* continuar su misión por el mundo	*enseñar*, santificar y gobernar	la acción misionera, la *caridad* y los *sacramentos*

¿Cómo lo he aprendido?

3. Evalúate en tu cuaderno según el código siguiente.

   ■ = poco / ■ = regular / ■ = mucho / ■ = muchísimo

   a) ¿Te ha gustado la forma de aprender el valor del amor? ☐

   b) ¿Te ha servido este tema para comportarte mejor? ☐

Repaso y me evalúo

6 ¿Qué es el Padrenuestro?

Observo la importancia del silencio

En un pueblo, sus habitantes olvidaron estar en silencio, y se gritaban y criticaban unos a otros. Un ángel hizo que permanecieran en silencio hasta que se escucharan todos.

Desde ese día, no se escuchó nada: ni una risa, ni una palabra, ni una oración… Sus habitantes intentaron cantar, tocar la guitarra… Pero nada se escuchó.

Y, como no podían gritar ni criticarse, mejoró la convivencia. Aprendieron a escucharse con sus miradas, sus gestos, sus escritos… Y construyeron una campana.

Su sonido llegó al cielo, y el ángel vio cómo, gracias al silencio, habían aprendido a convivir. Se abrazaron y rezaron una oración a Dios por poder hablar y escuchar.

Observo

Reflexiono y dialogo sobre el cómic

1 ¿Qué ocurría al principio en el pueblo?

2 ¿Para qué les sirvió a sus habitantes practicar el silencio?

3 ¿En qué momento has estado en silencio? ¿Te ha ayudado?

Mis primeras ideas

- ¿Qué significa para ti estar en silencio? ¿Para qué sirve?
- ¿Qué es el Padrenuestro? ¿Qué oración conoces? ¿Has rezado alguna vez? ¿Cuándo? ¿Para qué? ¿Qué sientes cuando rezas?

Expreso mis experiencias

1 Observa la tarjeta y expresa lo que sientes cuando a tu alrededor hay silencio.

«Es necesario el silencio del corazón para poder oír a Dios en todas partes, en la persona que nos necesita, en los pájaros que cantan, en las flores, en los animales»

Santa Madre Teresa de Calcuta, santa y misionera católica.

67

Aprendo y valoro

La oración

Qué es la oración

La oración es un diálogo de amor entre la persona y Dios. En esta conversación con Dios, con Jesús o con la Virgen María, les pedimos ayuda, les damos gracias y les contamos nuestros problemas como lo hacemos con nuestro mejor amigo.

Existen diferentes maneras de rezar: estando en silencio, contemplando la belleza de la naturaleza, recitando las oraciones que enseña la Iglesia y hablándole a Dios con las palabras y los sentimientos de cada persona.

Jesús enseñó a rezar

Jesús aprendió a rezar de pequeño. Rezaba en el templo. Dialogaba con su Padre Dios en lugares tranquilos, cuando estaba solo, por la noche y en la naturaleza.

Jesús enseñó a rezar como Él lo hacía. Explicó que Dios es un buen Padre que escucha y habla a cada persona. Y enseñó la oración del Padrenuestro para hablar con Él.

Palabras nuevas

Rogar es pedir insistentemente una cosa.

Aprendo con las imágenes

• Observa las imágenes y ponles un título.

Mosaico de Jesús rezando en Getsemaní, de Pietro D'Achiardi, en la iglesia de Todas las Naciones, en Jerusalén.

El Padrenuestro

El Padrenuestro es la principal oración cristiana y la expresión de pertenecer a la Iglesia. Y ello por ser la oración que Jesús enseñó y expresa del mensaje del Evangelio. Se reza en la Eucaristía, después de la consagración del pan y del vino; en las celebraciones cristianas y en las oraciones cotidianas del cristiano. Y debe rezarse con fe y valorando su significado.

Cada parte del Padrenuestro tiene un significado y un compromiso para quien lo reza:

Durante la celebración de la Eucaristía se reza el Padrenuestro.

Oración del Padrenuesto	Significados y compromisos
«Padre nuestro, que estás en el cielo»	• Reconocer que Dios es nuestro Padre y es lo más grande que existe.
«santificado sea tu nombre»	• Alabar a Dios.
«venga a nosotros tu reino»	• Pedir paz, amor, justicia, verdad…
«hágase tu voluntad en la tierra como en el cielo»	• Aceptar cumplir su voluntad.
«Danos hoy nuestro pan de cada día»	• Pedir ayuda para satisfacer nuestras necesidades, que Él conoce.
«perdona nuestras ofensas»	• Arrepentirse de corazón.
«como también nosotros perdonamos a los que nos ofenden»	• Comprometerse ante Él a perdonar a los demás.
«no nos dejes caer en la tentación y líbranos del mal»	• Pedir ayuda para no pecar.
«Amén»	• Pedir que todo lo anterior, así sea y se cumpla.

Actividades

1. Escribe en tu cuaderno una frase sobre el Padrenuestro.

2. Completa el mapa conceptual en tu cuaderno.

EL PADRENUESTRO

es
la principal …
por ser
la oración que enseñó …
y expresar
lo principal del mensaje del …

se reza en
la Eucaristía, en las …
y
las oraciones cotidianas del …
con
… y valorando su significado.

3. ¿Qué significado y compromiso del Padrenuestro te llama más la atención? ¿Por qué?

La Biblia me enseña

La oración de Jesús

El siguiente relato narra cómo Jesús enseñó a sus discípulos la oración del Padrenuestro y cómo hablar con su Padre Dios. Se encuentra en el Evangelio de San Mateo 6, 5-15.

En el Padrenuestro se habla a Dios en plural («nosotros» y «nuestro») porque es una oración de toda la Iglesia.

Viaja por el tiempo
www.anayaeducacion.es
Localiza a los doce apóstoles en la línea del tiempo de la Biblia (banco de recursos).

1 Jesús enseñó a sus discípulos cómo hablar con su Padre Dios. Lo hacía por medio de breves enseñanzas para que las recordaran y practicaran. Un día les dijo: «Cuando oréis, no seáis como los hipócritas a quienes les gusta orar de pie en las plazas para que los demás los vean».

2 Jesús también les dijo: «Cuando ores, entra en tu cuarto, cierra la puerta y ora a tu padre. No uses muchas palabras, porque Él sabe lo que nos hace falta antes de que lo pidamos».

¿Qué nos enseña para la vida diaria?

Después de leer este relato, habremos aprendido el entorno y el origen de la oración del Padrenuestro, así como a rezar a Dios en silencio, en la intimidad y practicando los valores que propone esta oración: perdonar a los demás, evitar el mal y las tentaciones.

Ahora, en inglés
Recita:
Te hablo con el Padrenuestro
I talk to you with the Lord's Prayer.

UNIDAD 6

3 Vosotros rezad así: «Padrenuestro, que estás en el cielo, santificado sea tu nombre; venga a nosotros tu reino; hágase tu voluntad en la tierra como en el cielo. Danos hoy nuestro pan de cada día; perdona nuestras ofensas, como también nosotros perdonamos a los que nos ofenden; no nos dejes caer en la tentación y líbranos del mal».

4 Por último, Jesús les explicó: «Porque, si perdonáis a los que os ofenden, también os perdonará vuestro Padre; pero, si no perdonáis, tampoco vuestro Padre perdonará vuestras ofensas».

Actividades

Los discípulos preguntan a Jesús cómo rezar y Él les enseña el Padrenuestro.

1 En parejas, escribid tres consejos que da Jesús para rezar.

2 Crea un marcapáginas con la frase del Padrenuestro que más te guste y un dibujo relacionado con ella. ¡Decóralo!

3 En grupo, realizad una representación teatral con el siguiente argumento.

Los discípulos preguntan a Jesús cómo rezar y Él les enseña el Padrenuestro.

Actúo y practico valores

El valor del silencio

1 Lee y contesta: ¿Te gusta estar en silencio? ¿Por qué?

El valor del silencio consiste en estar callado por propia voluntad, para estar tranquilo y escuchar con atención a Dios, a los demás y a uno mismo.

2 Practica el silencio observando una imagen. Sigue estos pasos:

1. Siéntate cómodo.
2. Guarda silencio y cierra los ojos.
3. Abre los ojos y admira en silencio la imagen.
4. Cierra los ojos y recuerda la imagen.
5. Imagina que Jesús está contigo en ese lugar.
6. Abre los ojos y cuenta a la clase tu experiencia sobre el silencio.

   a) ¿Qué has sentido?

   b) ¿Qué te ha llamado la atención?

   c) ¿Qué te gustaría decir a la clase?

¿Qué he aprendido?

1 Forma la frase y escríbela en tu cuaderno.

es la oración que	oración de la Iglesia.
El Padrenuestro	enseñó Jesús y la principal

2 Escribe en tu cuaderno el número y la palabra que falta del Padrenuestro. Después, comprueba tus aciertos buscando las palabras en la sopa de letras.

Padre nuesto que estás en el cielo, 1) … sea tu nombre; venga a nosotros tu 2) …; hágase tu voluntad así en la tierra como en el 3) … . Danos hoy nuestro pan de cada día; perdona nuestras 4) …, como tambíen nosotros perdonamos a los que nos ofenden; no nos dejes caer en la 5) … y líbranos del mal.

T	O	F	E	N	S	A	S	V	I	C	L
F	U	E	S	K	C	P	R	L	N	A	I
V	D	B	E	E	C	I	E	L	O	F	R
D	S	A	N	T	I	F	I	C	A	D	O
T	O	A	A	I	Q	W	N	P	Z	O	K
T	E	N	T	A	C	I	O	N	I	O	Z

¿Cómo lo he aprendido?

3 ¿Qué es lo mejor que he hecho en esta unidad?

4 ¿En qué debo mejorar en las actividades?

Repaso y me evalúo

Taller de investigación 3

¿Qué enseña la Alianza de Dios con su pueblo?

Observo la amistad de Dios con Israel

La clase de 3.º visitó el museo de su ciudad. Los niños y las niñas tenían que descubrir gestos de amistad de Dios con las personas.

Al ver una pintura de Abrahán mirando las estrellas, Andrés no encontró ningún gesto de amistad de Dios con Abrahán.

Al ver una pintura de Moisés, la profesora explicó: «La nube representa a Dios, que es su amigo y les ayuda a escapar».

Al terminar la visita, la clase descubrió gestos de la amistad que Dios Padre ofrece a las personas y al pueblo de Israel.

Observo

Reflexiono y dialogo sobre el cómic

1 ¿Para qué fue al museo la clase de 3.°?

2 ¿Qué gesto de amistad de Dios te gusta más? ¿Por qué?

3 ¿Qué te enseña esta historia sobre la amistad?

Mis primeras ideas

- ¿Qué es para ti la amistad entre dos personas? ¿Y la amistad entre Dios y una persona?
- ¿Qué puedes contar de la Alianza que hizo Dios con el pueblo de Israel? ¿Qué te enseña esta Alianza?

Expreso mis experiencias

1 Diseña una tarjeta con una frase y una imagen que expresen qué es para ti un verdadero amigo.

«Un verdadero amigo es quien te toma de la mano y te toca el corazón»

Gabriel García Márquez, escritor colombiano.

Aprendo y valoro

Comienzo a investigar la Alianza de Dios

Separación de las personas con Dios

El relato de la Biblia de Adán y Eva narra, de forma religiosa y poética, la creación por Dios del hombre y de la mujer. Dios, por su gran amor, los creó libres y les ofreció su amistad. Pero ellos la rechazaron y se alejaron de Él. Este rechazo tuvo varias consecuencias: el pecado original, el primer pecado de la humanidad, y que las personas tengan que pasar por la muerte.

La Alianza de Dios con los patriarcas

Dios siguió amando a las personas y deseando que fueran felices y se salvaran. Para lograrlo, hizo una Alianza con Abrahán, que fue el primer patriarca: Dios le prometió una tierra donde vivir si tenía fe en Él. Abrahán confió en Dios y marchó con su gran familia a Canaán, la tierra prometida.

Dios cumplió su promesa e hizo una alianza con Abrahán y sus descendientes. Así nació Israel, el pueblo elegido por Dios.

El arcoíris

El arcoíris es el símbolo de la Alianza de Dios con la humanidad. Así lo expresa Dios a Noé: «Pondré mi arco en el cielo, como señal de mi alianza con la tierra» (Génesis 9, 13).

Abrahán y los tres ángeles, de Frans Francken el Joven (Museo del Prado, Madrid).

TALLER 3

Busco y selecciono información

La Alianza de Dios con el pueblo

Con la ayuda de Dios, Moisés huyó de Egipto con el pueblo de Israel al desierto. Allí, en el monte Sinaí, Dios entregó a Moisés las Tablas de la Ley. Así, Dios estableció una Alianza con su pueblo: Él se comprometió a cuidarlos, y ellos, a cumplir los Diez Mandamientos de las Tablas de la Ley. Moisés les enseñó a cumplir este pacto, y se lo recordaba cuando no lo cumplían. Después, el pueblo de Israel llegó y vivió en Canáan.

Esta Alianza enseña que Dios se revela como el único Dios, que ama a su pueblo y nunca lo abandona. Es fiel con él, le libera y cumple sus promesas y pactos. Esta Alianza tiene varias consecuencias: Dios elige a su pueblo, envía a su hijo Jesucristo y continúa ofreciendo su amor y salvación por medio de la Iglesia.

Vitral que representa a Moisés (catedral de San Bavón, Gante, Bélgica).

Gestos de amistad de Dios en el desierto

Dios acompañó y cuidó a su pueblo durante los cuarenta años que vivió en el desierto. Le mostró su amistad con diferentes símbolos y ayudas. Por ejemplo, por medio de una nube mostraba su presencia. Les dio de comer cuando se quedaron sin comida: «El Señor dijo a Moisés: "Mira, haré llover pan del cielo para vosotros"» (Éxodo 16, 4). Y les dio de beber cuando tuvieron sed: «El Señor dijo a Moisés: "Háblale a la roca y ella te dará agua"» (Números 20, 8).

Investigamos en equipos

1. Escribe en tu cuaderno las consecuencias del rechazo a Dios de Adán y Eva.

2. Consultad a la familia o en Internet alguna información sobre los patriarcas: Abrahán, Isaac, Jacob y José.

3. Leemos y dialogamos:
   a) ¿Qué Alianza hizo Dios con su pueblo?
   b) ¿En qué gestos se muestra la amistad de Dios con su pueblo en el desierto?
   c) ¿Cuál es el símbolo de la Alianza?

4. Contamos nuestra experiencia: ¿Has cumplido alguna alianza o pacto? ¿En qué consistió? ¿Por qué la realizaste?

Investigo con la Biblia

La misión de Moisés

El siguiente relato aparece en el libro del Éxodo. En él se narra la misión de Moisés y la Alianza que Dios hizo con su pueblo y las normas que este debía seguir.

Dios alimentó a su pueblo por medio de codornices y de maná, una planta comestible que había en el desierto.

Busca en el mapa
www.anayaeducacion.es

Localiza Egipto, el monte Sinaí, el mar Rojo y Canaán en el mapa (banco de recursos).

1 Al nacer Moisés, el pueblo de Israel vivía como esclavo en Egipto. El faraón mandó matar a los bebes israelitas. A Moisés lo escondieron en la orilla del río Nilo. La mujer del faraón lo descubrió, lo cuidó, y Moisés fue educado en palacio como un príncipe egipcio.

2 Dios llamó a Moisés para que liberara a su pueblo. Con la ayuda de Dios, Moisés cruzó el mar Rojo y marchó con los israelitas al desierto. Al principio, viajaban contentos, porque iban a la tierra prometida y pensaban que nunca más tendrían que cumplir normas.

¿Qué nos enseña para la vida diaria?

Este relato nos enseña a cumplir los buenos pactos que mejoran la relación con los demás, con Dios y con uno mismo. También a cumplir los Mandamientos, o normas que mejoran la convivencia.

Ahora, en inglés

Recita:
La Ley de Dios: Los Diez Mandamientos:
The Law of God: The Ten Commandments.

3 En el desierto se olvidaron de Dios y hacían lo que querían sin respetar a los demás. Moisés pidió ayuda a Dios. Este lo llamó, y Moisés subió a lo alto del monte Sinaí. Allí, Dios hizo un pacto con Él. Para recordar esta Alianza, le entregó unas tablas de piedra en las que estaban escritos los Diez Mandamientos.

4 Moisés bajó feliz de la montaña, y les enseñó a los israelitas los Diez Mandamientos que debían cumplir para mejorar sus relaciones con Dios y con los demás. Les explicó que, si los practicaban, todos vivirían más unidos y felices. Y el pueblo de Israel decidió cumplir esta Alianza con Dios.

Actividades

1 Ordena y escribe en tu cuaderno las frases según el orden en que ocurrieron. ¡Lee el texto y observa las viñetas!:

a) Moisés marchó con su pueblo al desierto.

b) Dios hizo una Alianza con Moisés en el monte Sinaí.

c) El pueblo de Israel vivía como esclavo en Egipto.

d) Moisés comprobó la mala convivencia entre los egipcios y su pueblo.

e) Moisés enseñó a su pueblo los Diez Mandamientos.

f) En el desierto, los israelitas comenzaron a comportarse mal.

2 En parejas, cread dos viñetas que expresen los gestos de la amistad de Dios con su pueblo: la nube, el agua, el maná…

Busca en la línea del tiempo (banco de recursos) el personaje de Moisés y contesta a las preguntas: ¿Qué personaje va delante? ¿Y cuál viene detrás?

El valor de la amistad con Dios

El valor de la amistad con Dios consiste en dialogar con Él como lo hacemos con nuestro mejor amigo; rezar las oraciones de la Iglesia; estar en silencio y relajado para sentirlo en nuestro corazón; hacer el bien; admirar la naturaleza, etc.

1 En parejas, leed y copiad el siguiente cuadro en vuestro cuaderno para completarlo con otros ejemplos.

¿Qué hacer para ser amigo o amiga de Dios?

LUNES	MARTES	MIÉRCOLES	JUEVES	VIERNES	SÁBADO	DOMINGO
Rezar un Padrenuestro	Traer alimentos para Cáritas	Admirar la belleza del parque donde vivo	Estar en silencio para hablar con Dios	Ir a la catequesis para la primera comunión	Bendecir la mesa en mi casa.	Visitar la iglesia para saludar a Dios Padre.

Copia y completa en tu cuaderno

2 Escribe en tu cuaderno un compromiso que estés dispuesto a realizar esta semana y te ayude a ser amigo de Dios.

Actúo y practico valores

Trabajamos el valor de la amistad recreando a Moisés

1. Buscamos los materiales reciclados con la colaboración de la familia.

2. Cooperamos en equipos para elaborar la manualidad de cada niño o niña.

3. Hacemos el agua del mar, pegando dentro de una cartulina azul un rectángulo pequeño de cartulina marrón en el centro.

4. Recortamos a modo de cortina la cartulina azul sin llegar a la marrón. Con las tiras que hemos creado, las enrollamos hacia el centro para darle forma a las olas.

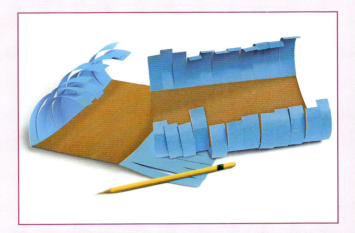

5. Realizamos los personajes pegando una bola de porexpán sobre la botella de yogur líquido. Y una vez seca, los pintamos.

Elaboro y presento el taller

81

Elaboro y presento el taller

6 Creamos la cara pegando lana en la parte superior para crear el pelo o pintandolo con tempera. Con rotulador o tempera pintamos los ojos, la nariz y la boca.

7 Decoramos los personajes como más nos gusten, pegándoles un palillo como bastón, una tela como túnica, etc. Pegamos los tres personajes una vez secados dentro del mar en la parte marrón.

8 El portavoz presenta los trabajos de los equipos a la clase.

9 Dialogamos en clase:

a) ¿Cómo has decorado tu manualidad?

b) ¿Qué has aprendido al hacer esta manualidad?

c) ¿Se la regalarías a alguien? ¿A quién? ¿Por qué?

¿Qué he aprendido?

1 Sigue el camino y contesta a la pregunta en tu cuaderno: ¿Qué enseña la Alianza de Dios con Israel?

Dios ① _ _ _ a su pueblo, le ② _ _ _ _ _ _ y nunca lo abandona. Es ③ _ _ _ _ y cumple sus ④ _ _ _ _ _ _ _ y ⑤ _ _ _ _ _ para que las ⑥ _ _ _ _ _ _ _ sean ⑦ _ _ _ _ _ _ y se ⑧ _ _ _ _ _

2 Completa en tu cuaderno:

a) Algunos gestos de la amistad de Dios con su pueblo son …

b) Algunas consecuencias de la Alianza con Israel son …

¿Cómo lo he aprendido?

3 Contesta en tu cuaderno a estas preguntas.

	SÍ	A VECES	NO
1. ¿Escuché con atención a mis compañeros?	?	?	?
2. ¿Y a mi profesor o profesora?	?	?	?
3. ¿Aporté ideas a mi equipo?	?	?	?
4. ¿Me esforcé por aprender cosas nuevas?	?	?	?

Evalúo el taller